AF371203

SUR L'ORTOGRAFE
Françoise.

POUR traiter mètodiquemant matière on pouroit faire voir.

1°. En quoi consiste l'Imperfection de l'ortografe dont on se servoit comunémant il y a 50. ans ou anviron, & dont quelques gens se servent ancore, & que je nome vieille ortografe.

2°. Qu'èle est l'origine de cète Imperfection.

3° Quel remède on peut y aporter.

IMPERFECTION
de cète Ortografe que je nome VIEILLE.

Ele consiste en quatre articles : les voici.

1°. Nous avons dans notre Langue

Franſoiſe beaucoup plus de ſons ſimples que nous n'avons de caraĉtères pour les ſignifier.

J'ai prouvé ailleurs que nous avons dans notre Langue au moins 33. ſons ſimples, & que pour les exprimer & ſignifier nous n'avons que 20 caraĉtères, au lieu que pour faire quelque choſe de règulier & de raiſonable, il faudroit que chaque ſon ſimple eût un caraĉtère ſimple uniquemant deſtiné à le ſignifier.

2°. La même lètre a pluſieurs prononciations difèrantes. J'ai fait voir ailleurs que le ſeul caraĉtère E, a dis uſages difèrans dans la vieïlle ortografe.

3°. Le même ſon eſt exprimé tantôt par une lètre, tantôt par une autre.

J'ai fait voir dans ma ſuite des Eſſais de Granmaire que le ſon que l's a dans le mot *ſalut*, eſt exprimé dans la vieïlle ortografe de huit manières difèrantes.

4° En ce qu'on amploie dans la vieïlle ortografe pluſieurs lètres qui ſont abſolumant inutiles.

ORIGINE DE L'IMPERFECTION
de la vieille Ortografe.

1°. Le nombre des fons fimples qui fe trouvent dans la Langue Franfoife, & qui ne fe trouvent pas dans la Langue Latine, eft très grand, come je l'ai fait voir dans mes Effais de Granmaire, j'en mètrai ici feulemant trois examples. Nous avons une *L* mouillée, come dans les mots, *Fille, Paille, Patrouille* &c. Nous avons une *N* mouillée, come dans *Règne, Ligne, Soigneus* ; nous avons des *Ch*, come dans *Charité, choifi* ; nous exprimons chacun de ces fons fimples par deus ou trois caractères difèrans qui naturèlemant avoient d'autres ufages.

Voici une des caufes de la quantité de ces fons fimples que nous avons dans notre Langue. Les anciens Franfois venus d'audela du Rin antrerent dans les Gaules, & y firent de grandes conquêtes ; ils aporterent avec eus leur Langue naturèle ; ils eurent comerce avec les peuples

vaincus, qui ètoient ou des Romains, ou
des restes des anciens Gaulois que les
Romains n'avoient pas exterminés. Dans
ce comerce perpetuel des vainqueurs &
des vaincus, il y a aparance que les Fransois aus sons de leur Langue maternèle
joignirent ceus de la Langue Latine que
parloient les Romains, & même quelques uns que les Gaulois avoient conser-
vés de leur anciène Langue Celtique.
Ansuite les Fransois vainquirent les *Alamani* peuples ètablis sur les deus bords
du haut Rin, & antre le Danube, le Rin
& le Mein; ils vainquirent ansuite les Vi-
sigots,& se randirent Maîtres d'une grande ètanduë de pays jusqu'aus pirènées.
Depuis ils vainquirent les Bourguignons,
puis les Ostrogots; ils avoient fait même,
dès les prèmiers tems, la guère avec des
succès heureus contre les Bretons &
contre les *Vascones* ètablis au voisinage
des pirènées. Toutes ces victoires anga-
geant les Fransois à une grande comu-
nication avec tous ces peuples vaincus;
ils purent prandre dans ce comerce des

fons & des prononciations qu'ils n'a-
voient pas ancor, & qui fe trouvoient
dans les Langues des *Alamani*, des Vifi-
gots, des Bourguignons, des Oftrogots,
des Bretons & des *Vafcones*. Quand les
Franfois voulurent ècrire ils ne fe fervi-
rent que des caractères Latins, & l'Alfabet Latin n'aïant pas des caractères
pour exprimer tous ces fons ètrangers on
les exprima come l'on put chacun avec
un ou plufieurs caractères Latins, aufquels on dona des ufages qu'ils n'avoient
pas eus du tems des Romains, au lieu
qu'il auroit èté à fouhaiter que pour des
fons nouveaus on eut cherché des caractères nouveaus.

Les Latins en ont ufé autremant que
nous, car quand ils ont receu dans leur
Langue des prononciations qu'èle n'avoit
pas auparavant, ils ont pris de nouveaus
caractères pour les fignifier. Les Latins
prirent des Grecs des mots où fe trouvoit la lètre Y que les Granmairiens
Grecs nomeht *Upfilon*, & cète lètre fe
prononçoit à peu près come nous pro-

nonçons notre **U** voyèle.

Les Romains voyant que leur Alfabet ne leur fournissoit point de caractère qui fut destiné à marquer ce son de U Fransois, crurent qu'ils devoient garder le caractère dont les Grecs se servoient pour l'exprimer, & ils ècrivirent TYPUS MYSTERIUM, avec des Y, que nous nomons des I grecs, & qui dans la suite ont èté quelquefois ècrits par des y. Nous devrions imiter les Latins, & puisque nous n'avons point de caractères particuliers, pour exprimer de certains sons nous devrions en introduire de nouveaus.

2°. Quand notre Langue Fransoise se forma on prit presque tous les mots de la Langue Latine, & on les conserva tout antiers, ou l'on se contanta d'en changer seulemant les dèsinances, & c'est de cète manière que nous ampruntons ancore tous les jours des mots des Langues ètrangères, *incognito*, *alcove*, *café*, *Pacha* &c. Ces mots amprunrés du Latin furent ècrits avec les mêmes lètres dont se servoient

les Latins pour les ècrire, & quand par la
ſuite des tems , ou par nègligence, ou
par lègereté, ou pour adoucir la prenon-
ciation on eſt venu à ne plus prononcer
quelques lètres que les Latins prenon-
ſoient ou ècrivoient , on n'a pas laiſſe de
continuer à les ècrire , ce qui eſt cauſe de
ce grand nombre de lètres qu'on ècrit
ancore & qu'on ne prononce plus. Dans
ces prèmiers tems & juſqu'au Règne de
Franſois I. cète eſpece de Langue compoſée preſque toute de mots pris de la
Langue Latine , ſe noma *Langue Ro-*
mande , & l'on diſoit que les gens de
de la cour parloient Roman, on ſe ſer-
vit de cète Langue Romande pour ècrire
quelques petites hiſtoires , ou des choſes
qui ne regardoient pas les ſiances , on
noma ces ſortes d'Ecrits des Romans ,
come le Roman du petit Cintré , le
Roman de du Gueſclin : le mot de Roman ne ſignifioit pas alors , come il a
ſignifié depuis une hiſtoire fabuleuſe qui
contient des avantures ou d'amour ou de
Chevalerie. Le nom de Roman qui ne

ſervoit d'abord qu'à marquer cète eſpece
de Langue Franſoiſe compoſée la plupart
de mots latins;ce nom dîje de Roman eſt
ancore amployé preſantemant en quelques pays pour ſignifier la Langue Franſoiſe en gènèral, & ſur la rive Septan-
trionale du Lac de Genêve on dit parler
Roman pour dire parler Franſois , &
toute la partie de la Suiſſe où l'on parle
Franſois, ſe nome pays Roman.

3°. Le fort de toutes les Langues vi-
vantes eſt qu'il s'y fait par ſucceſſion de
tems beaucoup de changemant, & notre
Langue Franſoiſe y eſt plus ſujète qu'une
autre , ſoit par l'inconſtance naturèle,
dont on acuſe notre nation, ſoit, come il
eſt vraiſamblable, par le grand comerce
que nous avons eu avec pluſieurs nations
voiſines, ſoit par le deſir que les Franſois ont toujours eu de polir leur Langue,
& de travailler à ſa perfection : mais en
faiſant ces changemans, dont la plupart
ſont peutêtre raiſonables , on n'a pas
ſongé achanger en même tems l'ècriture,
ce qui cauſe néceſſairemant ungrand am-

baras à ceus qui lifent prefantemant ce
qu'on ècrit comunémant.

REMEDES AUS DEFAUTS
de la vieille Ortografe.

1°. On pouroit avoir un Alfabet fait
exprès, & qui donât à chaque fon fimple
un caractère fimple, & l'on en pouroit
venir à bout fans avoir befoin de recou-
rir à des caractères abfolumant nouveaus,
peutêtre même que le Public n'auroit
pas beaucoup de peine à recevoir ces
changemans : on a bien introduit dans le
fiecle paffé l'J confone difèrant de l'I
voyèle, & l'V confone difèrant de l'U
voyèle.

2°. Mais en atandant qu'on puiffe introduire cet Alfabet rèformé, il faut tâ-
cher à coriger les dèfauts les plus fanfi-
bles, c'eft ce que j'ai tâché à faire juf-
qu'ici, on pouroit aler ancore plus loin
que je n'ai èté fans être obligé à introduire des caractères abfolumant nouveaus.

On demande un Alfabet qui fourniffe un caractère particulier pour chacun des 33. fons fimples aufquels on peut rèduire tous ceus que nous avons dans notre Langue , & qui s'eloigne le moins qu'il fe poura des caractères dont nous nous fervons aujourd'hui.

Pour fatisfaire à cète demande j'ai dreffé le mèmoire fuivant, où j'ai marqué de quèle manière on pouroit exprimer les 33. fons de notre Langue fans fe fervir de caractères tout a fait nouveaus.

J'ai mis au comancemant de chaque ligne les fons fimples qu'il s'agit de fignifier, j'ai ajouté pour example à chacun de ces fons fimples un mot franfois ou fe trouve ce fon fimple, & à la fin de la ligne j'ai mis le caractère dont on peut fe fervir pour l'exprimer.

L'ordre dans lequel j'ai mis ces fons fimples eft conforme au Siftême que j'ai tâché à ètablir dans mes Effais de Granmaire & dans la fuite que j'y ai ajoutée.

A , come dans paroître,   A
O , come dans Colère.   O
U , come dans Batu.   U
OU , come dans Poulet.   OU

Si l'on vouloit on prandroit de l'Alfabet grec le caractère ȣ

Les Imprimeurs pouront avoir des caractères ou ces deus lètres feront acolées, & pour l'ècriture on ne doit craindre aucune èquivoque, parceque ces deus lètres ne fe prononcent fèparèment que dans quelques noms propres venus du grec ou du Latin come piritoüs , & on fe prefcrira une règle gènèrale de mètre toujours deus points fur cèle des deus voyèles qui comance une nouvèle fila be

EU come dans feu , dans bonheur EU

Si l'on vouloit on prandroit des grecs le caractère ευ

Les Imprimeurs pouront avoir des caractères où ces deus lètres feront acolées, & pour l'Ecriture quand il fe trouvera des mots où E & U garderont chacun leur fon, on mètra deus points fur l'U de cète manière, *reüffir* , *reünir*.

J'ai remarqué dans mes autres difcours que cète voyèle (EU) a quelquefois un fon ouvert, come dans *Bonheur*, dans *Peur*, alors on poura fe fervir de l'accent grave fur l'*eu*, en cète forte *Bonhèur*.

E féminin , come dans *porte*.

E ouvert, come dans *après*.

E fermé, come dans *bonté*.

Ces trois *e* font diftingués l'un de l'autre, en ce que *e* fèminin n'a point d'accent , *e* ouvert a un accent grave`, & *e* fermé a un accent aigu.

I , come dans *lire*.

Pour les voyèles nafales ou efclavones , on les diftinguera des voyèles fimples dont èles aprochent le plus , ou par une petite ligne au deffus, come on en voit en quelques anciens livres , ou par une petite ligne qui les tranchera à la manière de l'Alfabet polonois de la manière fuivante.

AN , come dans le mot *Danfer*.	Ā	Ą
EN , come dans *Bien*	Ē	Ę
IN , come dans *Ingrat*	Ī	Į
ON , come dans *Bonté*	Ō	Ǫ

UN , come dans *Comun*   U U

Pour prononcer chacun des sons de simples consones il n'y a qu'à joindre la prononciation d'un *e* feminin à la consone ou aus consones que j'ai marquées en lètres capitales , ainsi le nom du prèmier son consone qui est marqué ici se trouvera come la dernière silabe de *tombe* , & celui du second son se prononcera come la seconde silabe de *trompe* & ainsi du reste.

Be , come dans *Tomber*   B
Pe , come dans *Tromper*   P
Ve , come dans *Venir*   V
Fe , come dans *Finir*   F
Me , come dans *Mourir*   M
De , come dans *Dire*   D
Te , come dans *Tirer*   T
Gue ou G dur , come dans *Galant*   G
Ke , come dans *Capable*   K
Ne , come dans *Nier*   N
Ze , come dans *Zèle*   Z
Se , come dans *Salut*   S
Je , come dans *Jalous*   J

Che, come dans *Chariot*   C

Le C ne s'amployant plus, selon ce projet ci, ni pour faire le son (Ke) come il fait à presant devant un a, un o, un u, dans *Cavalier*, dans *Colère*, dans *Curieus*, ni pour faire le son de (Se) come il fait aujourd'hui devant un *e*, ou devant un *i*, dans *Cèrèmonie*, dans *Cièl*, ne servira plus que pour le son de (Che) que nous lui donons ici.

Le son de (*Ke*) & le son de (*ſe*) ont dans la Table prècédante, chacun son caractère propre, & le caractère C ne servira plus qu'à marquer la lètre siflante que nous exprimons presantemant par *Ch*, come dans *Chariot*, *Cherté*.

Le, come dans *Lire*   L

Re, come dans *Rire*   R

LLe ou L mouillée, come dans *Vaillant*, dans *Fille*.   Ł

GNe ou N mouillé, come dans *Vigne*, dans *Soigneus*.   Ŋ

Je marque ces deus consones mouillées par de petites lignes qui les traversent.

Si l'on ne veut pas se servir de ces deus lètres qui sont traversées par de petites lignes, on poura se servir pour l'*L* mouillée de deus *L* acolées, & quand on ècrira des mots où l'on prononce deus *L*, come *Pallas*, on aura soin de sèparer les deus *L*, & de ne les pas acoler.

Pour exprimer le son de l'N mouillée, on poura se servir de l'*n* avec un trait dessus, come s'en servent les Espagnols, qui la noment N *con tilde* : que s'il se trouvoit quelque mot où l'on prononsat sèparémant le G & l'N, come on les prononce en Latin, on se serviroit du G & de l N.

H aspiration, come dans *Hasard* H

On aura soin de n'amployer jamais aucun caractère pour un son difèrant de celui-auquel nous le destinons ici.

Il reste deus choses à marquer pour randre l'ècriture plus exacte & plus conforme à la prononciation.

1°. La longueur des voyèles. Come je ne croi pas qu'il soit nècessaire de marquer quand la voyèle est brève, on marquera feulemant cèles qui font longues, par les chevrons aufquels on eft acoutumé, il y a un inconvèniant auquel il eft aifé de remèdier. Cet inconvèniant eft que le chevron qu'on met fur l'*e* long, come dans *Evêques* & *Prêtres*, marque en même tems qu'il eft ouvert, mais nous avons des *e* fermés qui font longs, come dans ils *alérent*, ils *marchérent* : fi pour marquer cète longueur on fe fervoit d'un chevron, il feroit à craindre qu'on ne donât à ces *e* le fon de *e* ouvert. Il eft aifé de remèdier à cet inconvèniant, ces *e* fermés dont la prononciation eft longüe, ne fe trouvent que dans quelques troifiêmes perfones du pluriel des verbes, come ils *alérent*, ils *trouvérent*, & dans quelques adverbes en *mant*, come *comunémant*, *aveuglémant*, & l'on poura dans ces ocafions marquer la longueur de l'*e* fermé par des accens aigus un peu plus longs que les accens aigus ordinaires.

La feconde chofe que l'écriture doit marquer pour faciliter la lecture confifte en ceci : il y a des lètres qu'on écrit &

qui

qui ne fe prononcent jamais, come le *b* dans *plomb* ; il y en a d'autres qui varient felon les ocafions, dans quelques ocafions èles fe prononcent, dans d'autres èles ne fe-prononcent point, par example le *t* final ; car il y a des ocafions où il fe prononce, & d'autres où il ne fe prononce pas, come je l'expliquerai en parlant de la prononciation des confones finales. On pouroit règler que les lètres qui ne fe prononcent jamais, come le *b* de *plomb* ne s'ècriviffent jamais, & pour cèles qui varient, on pouroit règler qu'on mètroit toujours un point fous la lètre qui né fe prononce pas, par example, *je lui ai parlé come il faut* : moyènant ces précautions on ècrira en notre Langue de manière que ceus qui liront ne pouront jamais fe tromper. Ceus qui favent lire préfantemant trouveront peu de changemant dans nos caractères, & ceus qui ne favent pas lire pouront en moins d'un mois aprandre la valeur de tous nos caractères, & lire fans faire de fautes.

A l'ègard des Livres qui font dêja im-

primés, quand on faura l'ècriture nouvèle & regulière que je propofe, on
aprandra bientôt à lire ce qui eft imprimé felon l'ècriture irregulière &
dèraifonable dont on fe fert prefantemant.

Quelques gens qui ont vu mon projet,
tel que je viens de l'expliquer, l'ont
trouvé fort raifonable, & conviènent
qu'il feroit utile : & la dificulté qu'il y
a à le faire recevoir par tout le monde,
leur fait dire que le fuccès eft plus à fouhaiter qu'à efperer. Mais il faut que les
gens charitables & bien intantionés pour
les interêts du public prènent courage.
Il faut du tams, je l'avouë, pour faire
rèüffir ce projet dans toute fa perfection;
mais ne peut-on pas au moins l'achemi-
ner tout doucement en atandant quelque
fecours inefperé.

Il ne faut pas croire que le public foit
ènemi de tous les changemans, n'a-t'on
pas receu, come d'un confantemant una-
nime, dans la plus grande partie de l'Eu-
rope les *J* confones, & les *V* confones à

n'y a-t'il pas un grand nombre de gens éclairés qui ont retranché les ſ qui ne ſe prononcent pas , & qui ont admis les accens ᴧ, pour marquer la longueur des ſilabes ? L'Academie èle-même, ſi atachée aus anciens uſages , n'a-t-èle pas amployé ces chevrons en quelques ocaſions ? n'a-t-èle pas admis les accens ſur les *e* qui ne ſont pas fèminins ? Les plus atachés à la conſervation des lètres caracteriſtiques ne les ont-ils pas retranchées de pluſieurs mots ? Pandant ce ſiecle & pandant la fin du ſiecle prècèdant combien a-t'on imprimé de Livres où l'on ſuit en partie notre Ortografe rèformée ?

Il faut que ceus qui conviènent qu'une antière rèformation , ſelon mon projet , ſeroit utile , la ſuivent dans les choſes les plus faciles ; on parviendra peu à peu à la faire recevoir par le grand nombre , & alors nous aurons pour nous l'uſage , qu'on nous objècte ſi ſouvant. Si nous avons raiſon , eſperons tout du bon eſprit des gens qui ne ſont pas prévenus ,

faiſons de notre côté ce que nous poū-
rons , & laiſſons faire au tams , il fera
le reſte.